Nach den seit 1.8.2006 verbindlichen Rechtschreibregeln.

Bibliografische Information der Deutschen Nationalbibliothek
Die Deutsche Nationalbibliothek verzeichnet diese Publikation
in der Deutschen Nationalbibliografie;
detaillierte bibliografische Daten sind im Internet
über http://dnb.ddb.de abrufbar.

Redaktionelle Leitung: Eva Günkinger
Lektorat: Sophia Marzolff
Fachberatung: Ulrike Holzwarth-Raether
Herstellung: Claudia Rönsch
Layout und Satz: Michelle Vollmer, Mainz
Illustration Lesedetektive: Barbara Scholz
Umschlaggestaltung: Mischa Acker
Printed in Malaysia
ISBN 978-3-411-70815-4

Lesedetektive

Ein Bär reißt aus

Beate Dölling und Didier Laget
mit Bildern von Daniel Napp

Dudenverlag
Mannheim · Leipzig · Wien · Zürich

Anja und Paul
sind im Zoo.
Mama ist auch dabei.
Die Sonne scheint.

Zuerst besuchen sie
die Elefanten,
dann die Giraffen
und die Zebras.

Jetzt sind sie im Affenhaus.
Ein kleiner Schimpanse
will eine Walnuss öffnen.
Er haut sie auf die Erde.

„Schade, dass wir keinen Nussknacker dabeihaben“, sagt Anja.

1. Fall: Was knackt der Affe?

☐ eine Erdnuss

„Oder eine Tüte
Studentenfutter“, sagt Paul.
Doch das Äffchen
knackt die Nuss!

☐ eine Walnuss

☐ eine Haselnuss

Da kriegen Anja und Paul
auch Hunger.
Draußen ruft Paul:
„Da ist ein Eiswagen!“

Die beiden rennen los.
Es dauert ewig,
bis Mama mit dem Geld
hinterherkommt.

Paul nimmt eine Kugel Walnuss
und zwei blaue Kugeln
mit Kaugummigeschmack.
Anja wählt dreimal Zitrone.

Sie gehen zum Spielplatz
und setzen sich auf die Wippe.
Mama sitzt auf einer Bank
und genießt die Sonne.

Plötzlich hören sie
eine Stimme
aus dem Lautsprecher:
„Achtung! Achtung!

Soeben ist unser
Braunbär Willi entwischt!
Er ist satt
und nicht gefährlich."

Trotzdem sollen sich
die Besucher ruhig verhalten.
Wärter sind schon unterwegs.
„Oh mein Gott!“, sagt Mama.

„Sollen wir ihn einfangen?“,
schlägt Paul vor.
Anja sagt:
„Das traust du dich doch nie!“

Gegenüber am Kamelgehege
laufen plötzlich die Leute weg.
Anja macht große Augen:
Da kommt der Bär!

Er ist groß und dick
und hat riesige Tatzen.
Er kommt genau
auf den Spielplatz zu.

Mama wird weiß wie Mehl.
Sie schnappt die Kinder
und schiebt sie
in das Abenteuerhaus.

2. Fall: Was stimmt?
Mama wird ▽ blass wie Mehl.

Sie wagen nicht zu atmen
und hoffen,
dass der Bär
am Häuschen vorübergeht.

weiß wie Schnee.

weiß wie Mehl.

Paul schaut durch eine Ritze.
Drei Wärter laufen vorbei.
„Jetzt fangen sie ihn“,
flüstert er.

Aber die Wärter gehen ja
in die falsche Richtung!
Und der Bär? Hat er sich etwa
hinter der Rutsche versteckt?

Auf einmal steht der Bär
an der Tür
und guckt um die Ecke.

Paul lässt vor Schreck
sein Eis fallen.
Mama zieht die Kinder
fest an sich.

Der Bär sieht aus,
als würde er lächeln.
Da wirft Anja
dem Bären ihr Eis zu.

Dann huschen sie
schnell an ihm vorbei,
aus dem Häuschen hinaus.

Als die Wärter Willi finden,
steht er am Holzhaus
und schleckt das Eis
vom Boden.

3. Fall: Was ist ein Gehege?

○ ein eingezäuntes Gebiet

Dann tappt er friedlich
mit den Wärtern
in sein Gehege zurück.
An seiner Schnauze klebt Eis.

○ ein Käfig

○ ein Stall

„Unser Willi
ist ein lieber Bär“,
sagt einer der Wärter.
„Er ist nur etwas neugierig.“

„Und er liebt Zitroneneis“,
fügt er hinzu.
Viele Besucher drängeln sich,
um Willi zu sehen.

Reporter sind auch schon da.
Sie machen Fotos von Willi
und fragen Anja und Paul,
wie das mit dem Bären war.

Dann spendiert der Zoodirektor
den Kindern ein neues Eis.
Und Mama möchte jetzt gern
einen starken Kaffee!

Was sagst du dazu?

Was steht am nächsten Tag in der Zeitung?

Schreibe es auf, male auch das Foto der Reporter dazu und schicke uns deine Zeitungsseite!
Als Dankeschön verlosen wir unter den Einsendern zweimal jährlich tolle Buchpreise aus unserem aktuellen Programm!
Eine Auswahl der Einsendungen veröffentlichen wir außerdem unter www.lesedetektive.de.

Duden-Lesedetektive: Leseförderung mit System

1. Klasse • 32 Seiten, gebunden

- Finn und Lili auf dem Bauernhof • ISBN 978-3-411-70782-9
- Nuri und die Ziegenfüße • ISBN 978-3-411-70785-0
- Eine unheimliche Nacht • ISBN 978-3-411-70788-1
- Franzi und das falsche Pferd • ISBN 978-3-411-70790-4
- Ein ganz besonderer Ferientag • ISBN 978-3-411-70795-9
- Das gefundene Geld • ISBN 978-3-411-70799-7
- Amelie lernt hexen • ISBN 978-3-411-70804-8
- Das Picknick im Wald • ISBN 978-3-411-70809-3
- Die Schildkröte im Klassenzimmer • ISBN 978-3-411-70814-7
- Ein Bär reißt aus • ISBN 978-3-411-70815-4

2. Klasse • 32 Seiten, gebunden

- Die Prinzessin im Supermarkt • ISBN 978-3-411-70786-7
- Auf der Suche nach dem verschwundenen Hund • ISBN 978-3-411-70783-6
- Emil und der neue Tacho • ISBN 978-3-411-70789-8
- Sarah und der Findekompass • ISBN 978-3-411-70792-8
- Ein bester Freund mal zwei • ISBN 978-3-411-70796-6
- Eine Sommernacht im Zelt • ISBN 978-3-411-70800-0
- Das Gespenst aus der Kiste • ISBN 978-3-411-70805-5
- Ein blinder Passagier • ISBN 978-3-411-70807-9
- Svenja will ein Junge sein • ISBN 978-3-411-70810-9
- Ein Tag auf dem Pferdehof • ISBN 978-3-411-70816-1
- Lilli und die Riesenkrake • ISBN 978-3-411-70817-8

3. Klasse • 48 Seiten, gebunden

- Anne und der geheimnisvolle Schlüssel • ISBN 978-3-411-70787-4
- Eins zu null für Leon • ISBN 978-3-411-70784-3
- Viktor und die Fußball-Dinos • ISBN 978-3-411-70793-5
- Nelly, die Piratentochter • ISBN 978-3-411-70797-3
- Herr von Blech zieht ein • ISBN 978-3-411-70802-4
- Prinz Winz aus dem All • ISBN 978-3-411-70806-2
- Herr von Blech geht zur Schule • ISBN 978-3-411-70812-3
- Nelly und der Piratenschatz • ISBN 978-3-411-70818-5

4. Klasse • 48 Seiten, gebunden

- Der Geist aus dem Würstchenglas • ISBN 978-3-411-70794-2
- Der schlechteste Ritter der Welt • ISBN 978-3-411-70798-0
- Kira und die Hexenschuhe • ISBN 978-3-411-70803-1
- Die Inselschüler – Gefahr im Watt • ISBN 978-3-411-70808-6
- Betreten verboten! • ISBN 978-3-411-70813-0
- Zwei Jungs und eine Zicke • ISBN 978-3-411-70819-2

Ihre Meinung ist uns wichtig! Wie gefällt Ihnen dieses Buch?
Wir freuen uns auf Ihre Rückmeldung unter **www.duden.de/meinung**

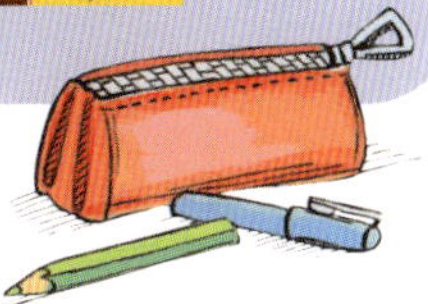

Gefunden!
Knote den Streifen einfach
an das Lesebändchen an
und fertig ist dein Lösungsschlüssel
für die Detektivfälle!
Nur bei der richtigen Antwort
passt das abgedruckte Symbol genau
in das entsprechende Schlüsselloch.